JN083528

家時間がぐっと豊かになる至福のレシピ61

おいしい
部屋

えなが
oishii heya
enaga

はじめに

初めまして。えながと申します。
私は小さい頃からお菓子を作るのが大好きでした。

お菓子を作る時間の1つ1つには、思い出があります。
友達と作った白玉団子、父へのバレンタインチョコレート、
祖母と従兄弟と作ったドーナツ。
そんな幼い頃の楽しい思い出が詰まっています。

本書に掲載しているレシピは、どれも簡単に作れるものです。
私自身、とっても不器用なので、
お菓子も料理も
それなりに作れるようになるまでは随分時間がかかりました。
だからこそ辿り着いたレシピです。

おすそ分けしたくなるケーキや、一人暮らしにもってこいのごはん。
おしゃれなパスタに、とっておきの朝ごはんも。

自分のために、大切な人のために。
「食」が日常の中の憩いの時間になりますように。
あなたのためのおうちカフェにようこそ。

CONTENTS

Chapter 03
ひんやりおいしい冷たいもの

Chapter 07
1人分から作れるお手軽ランチ

混ぜて焼くだけ！

ニューヨークチーズケーキ

家で食べるのは
もちろん好きだし、
誰かに贈っても
とても喜ばれるチーズケーキ。
私自身、よく作るお菓子でもあります。
私の周りには
チーズケーキ好きの人が多いけれど、
みなさんの周りにも
やっぱり多いのかな？

012

材料
（21×8×高さ6cmのパウンドケーキ型1台分）
・市販のビスケット … 40g
・バター（食塩不使用）… 20g
・クリームチーズ … 200g
・砂糖 … 45g
・メープルシロップ … 大さじ1
 （なくてもOK）
・卵 … 1個
・薄力粉 … 20g
・生クリーム … 200g
・レモン汁 … 大さじ1

事前準備
・クリームチーズ、卵は室温にもどす。
・オーブンは170℃に予熱する。
・底の取れる型を使用する場合は、型
 の外側をアルミホイルで包む。

Memo
王道のチーズケーキに、隠し味にメープル
シロップを入れると、コクが深まってもっ
とおいしくなります。

作り方

1 ポリ袋にビスケットを入れ、細かく砕く。

2 耐熱容器にバターを入れ、ふんわりラッ
 プをかける。600Wの電子レンジで20
 秒加熱し、バターを溶かす。

3 溶かしたバターを1に加え、全体に馴
 染むように揉む。

4 型にクッキングシートを敷き、底に3
 を敷き詰める。

5 ボウルにクリームチーズを入れ、滑らか
 になるまで泡立て器で混ぜる。砂糖、メー
 プルシロップを加え、さらに混ぜる。

6 卵を溶き、5に3回に分けて加え、そ
 の都度混ぜ合わせる。

7 薄力粉をふるい入れ、生クリーム、レモ
 ン汁を順に加えて滑らかになるまで混
 ぜ、型に流す。

 Point: ダマがなくなるまでよく混ぜる
 のがポイント！

8 170℃に予熱したオーブンに型を入れ、
 天板に湯を張って50分焼く。

 Point: 湯煎焼きにすると、より滑らか
 な口溶けに。もちろん、湯を張らずに焼
 いてもOK！

013

レシピにまつわる
プチエッセイ

作り方のポイントをチェック！

● 材料の表記は1カップ=200ml（200cc）、大さじ
 1=15ml（15cc）、小さじ1=5ml（5cc）です。
● レシピには目安となる分量や調理時間を表記しています
 が、様子をみながら加減してください。
● 飾りで使用した材料は明記していないものがあります。お
 好みで追加してください。
● 野菜類は、特に指定のない場合は、洗う、皮をむくなどの
 下準備を済ませてからの手順を記載しています。
● 火加減は、特に指定のない場合は、中火で調理しています。

ほっこり癒やし時間のケーキ

おうちカフェに欠かせない、
甘いケーキ。
自分へのご褒美にもよし、
おすそ分けしてもよし。

ケーキを焼くその前に

おうちでカフェ気分を味わうとき、
欠かせないのがケーキ。
この章では、チーズケーキにチョコレートケーキ、
パウンドケーキなどのレシピを紹介します。

使用する型について

この章のレシピでは、
すべて同じ型を使用しています。
ベーシックなパウンドケーキ型は、
1つ持っておくととても便利!

お手持ちの形で
作ってみても◎

◎21×8×高さ6cmのパウンドケーキ型

ケーキを保存するときは

ケーキを一度に食べきれないときは、
適切に保存して長く味わいましょう。

ケーキの保存方法

ラップで全体を包み、ケーキが空気
に触れないようにして冷蔵庫で保存
する。2～3日以内にお召し上がり
ください。
▶食べきれない場合は冷凍保存
すると1ヶ月程もちます。

冷凍方法

1 ケーキを1人分ずつカットする。

2 ラップで1つずつ包み、ケーキ
が空気に触れないようにする。

3 ケーキが入るサイズの保存袋に
入れ、冷凍庫で保存する。

解凍方法

保存袋からラップごと取り出し、そ
のまま冷蔵庫で6時間程解凍する。

混ぜて焼くだけ！

ニューヨークチーズケーキ

家で食べるのは
もちろん好きだし、
誰かに贈っても
とても喜ばれるチーズケーキ。
私自身、よく作るお菓子でもあります。
私の周りには
チーズケーキ好きの人が多いけれど、
みなさんの周りにも
やっぱり多いのかな?

Chapter 01・ほっこり癒やし時間のケーキ

材料
(21×8×高さ6cmのパウンドケーキ型1台分)

- 市販のビスケット … 40g
- バター（食塩不使用）… 20g
- クリームチーズ … 200g
- 砂糖 … 45g
- メープルシロップ … 大さじ1
  （なくても○K）
- 卵 … 1個
- 薄力粉 … 20g
- 生クリーム … 200g
- レモン汁 … 大さじ1

事前準備

- クリームチーズ、卵は室温にもどす。
- オーブンは170℃に予熱する。
- 底の取れる型を使用する場合は、型の外側をアルミホイルで包む。

作り方

1 ポリ袋にビスケットを入れ、細かく砕く。

2 耐熱容器にバターを入れ、ふんわりラップをする。600Wの電子レンジで20秒加熱し、バターを溶かす。

3 溶かしたバターを**1**に加え、全体に馴染むように揉む。

4 型にクッキングシートを敷き、底に**3**を敷き詰める。

5 ボウルにクリームチーズを入れ、滑らかになるまで泡立て器で混ぜる。砂糖、メープルシロップを加え、さらに混ぜる。

6 卵を溶き、**5**に3回に分けて加え、その都度混ぜ合わせる。

7 薄力粉をふるい入れ、生クリーム、レモン汁を順に加えて滑らかになるまで混ぜ、型に流す。

Point: ダマがなくなるまでよく混ぜるのがポイント！

8 170℃に予熱したオーブンに型を入れ、天板に湯を張って50分焼く。

Point: 湯煎焼きにすると、より滑らかな口溶けに。もちろん、湯を張らずに焼いても○K！

Memo

王道のチーズケーキ。隠し味にメープルシロップを入れると、コクが深まってもっとおいしくなります。

レ モ ン ケ ー キ

材料

（21×8×高さ6cmのパウンドケーキ型1台分）

- バター（食塩不使用）… 95g
- 砂糖 … 75g
- 卵 … 1個
- 薄力粉 … 100g
- アーモンドプードル … 20g
- ベーキングパウダー … 3g
- レモン汁 … 17g
- レモンピール、ピスタチオ … 適宜

A ｜ ・粉砂糖 … 50g
｜ ・レモン汁 … 大さじ1

事前準備

- バター、卵は室温にもどす。
- オーブンは180℃に予熱する。

作り方

1 ボウルにバターを入れ、クリーム状になるまで泡立て器で混ぜる。砂糖を加え、白っぽくなるまでさらに混ぜる。

2 卵を溶き、**1** に3回に分けて加え、その都度混ぜ合わせる。

3 薄力粉、アーモンドプードル、ベーキングパウダーをふるい入れ、ゴムベラで混ぜ合わせる。

4 レモン汁を加えて混ぜ、クッキングシートを敷いた型に流す。

5 180℃に予熱したオーブンで25分焼き、焦げ目がつかないようにアルミホイルを被せてさらに10分焼く。

> **Point:** 竹串を刺してみて、生地がつかなかったら焼き上がり。生地がついてくる場合は3分ずつ追加で加熱して様子を見る。

6 粗熱が取れたら型から外し、ふくれ上がった部分を切り落として平らにする。

7 **A**を混ぜ合わせてアイシングを作り、**6** を上下裏返して上面に塗る。

8 好みで細かく刻んだレモンピールやピスタチオを飾る。

> **Point:** 一晩休ませてお召し上がりください。

Memo

しっとりほろほろの生地が特徴のレモンケーキ。きゅんとすっぱいシャリシャリのアイシングと、バターの香りをお楽しみください。

チョコレートチーズケーキ

材料
（21×8×高さ6cmのパウンドケーキ型1台分）

[チーズケーキ生地]
・ クリームチーズ
　…200g
・ プレーンヨーグルト
　…30g
・ 砂糖…20g
・ 卵…1個

・ ココアパウダー…10g
・ ビターチョコレート…50g
・ 生クリーム…150g

[生チョコレート生地]
・ 生クリーム…50g
・ ビターチョコレート…100g

事前準備

・ クリームチーズ、卵は室温
　にもどす。
・ オーブンは180℃に予熱
　する。

Memo

間借りカフェをしていたときの
人気メニューをアレンジ。濃厚
なチョコレートと程よい酸味の
チーズケーキは相性抜群。

作り方

[チーズケーキ生地]

1 ボウルにクリームチーズを入れ、滑らかになるまで泡立て器で混ぜ、ヨーグルト、砂糖を順に加えてその都度混ぜる。

2 卵を溶き、**1** に3回に分けて加え、その都度混ぜ合わせる。

3 ココアパウダーをふるい入れ、よく混ぜる。

Point: ダマがなくなるまでよく混ぜるのがポイント!

4 チョコレートを細かく刻む。

5 耐熱ボウルに生クリームを入れ、600Wの電子レンジで1分加熱する。加熱後すぐに **4** を加え、ゴムベラで混ぜる。

6 再度600Wの電子レンジで10秒加熱し、滑らかになるまで混ぜる。チョコレートが溶け切っていない場合は、10秒ずつ追加で加熱する。**3** のボウルに加えて再度よく混ぜ、クッキングシートを敷いた型に流す。

7 180℃に予熱したオーブンで20分焼き、焦げ目がつかないようにアルミホイルを被せてさらに30分焼く。粗熱が取れたら、型に入れたまま冷蔵庫で冷やす。

[生チョコレート生地]

8 別の耐熱ボウルに生クリームを入れる。チョコレートを刻み、ボウルに加える。

9 600Wの電子レンジで30秒加熱し、ゴムベラでよく混ぜる。さらに20秒加熱し、滑らかになるまで混ぜる。

10 冷やしておいた **7** に流し込み、冷蔵庫で一晩休ませる。

Point: 切るときは、熱湯をかけて温めた包丁を使うときれいな断面に!

かぼちゃのバスクチーズケーキ

材料
（21×8×高さ6cmのパウンドケーキ型1台分）

・かぼちゃ…½個（種、わた、皮を
　取り除いた状態で250gを使用す
　る）
・クリームチーズ…200g
・砂糖…70g
・卵…1個
・生クリーム…200g

事前準備

・クリームチーズ、卵は室温にもどす。
・オーブンは250℃に予熱する。

作り方

1 かぼちゃは種とわたを取り除いて3cm
角程に切り、耐熱容器に入れる。水大さ
じ1をかけてふんわりラップをし、
500Wの電子レンジで6分加熱する。

2 **1**のかぼちゃから皮を取り除き、250g
になるように量る。ペースト状に潰し、
こし器でこす。

> **Point:** 余った加熱済みのかぼちゃは、
> 水にさらした玉ねぎとマヨネーズを好み
> の量加えて混ぜ、かぼちゃサラダにする
> のがおすすめ！

3 ボウルにクリームチーズを入れ、滑らか
になるまで泡立て器で混ぜ、砂糖を加え
てさらに混ぜる。

4 卵を溶き、**3**に3回に分けて加え、その
都度混ぜ合わせる。

5 ペースト状にしたかぼちゃ、生クリーム
を順に加えて滑らかになるまで混ぜ、クッ
キングシートを敷いた型に流す。

> **Point:** ダマがなくなるまでよく混ぜる
> のがポイント！

6 250℃に予熱したオーブンで10分焼き、
220℃に温度を下げてさらに20分焼く。

Memo

ほっくりおいしいかぼちゃを使ったバス
クチーズケーキ。表面は焦げていて正解！
高温で焼くことで表面は香ばしく、中は
とろける口当たりに。秋になるとつい食
べたくなるケーキです。

バナナケーキ

材料
（21×8×高さ6cmのパウンドケーキ型1台分）

- バター（食塩不使用）… 100g
- 砂糖 … 50g
- 卵 … 1個
- 薄力粉 … 130g
- ベーキングパウダー … 4g
- 塩 … ひとつまみ
- バナナ … 1本(100g)

事前準備

- バター、卵は室温にもどす。
- オーブンは170℃に予熱する。

作り方

1 ボウルにバターを入れ、クリーム状になるまで泡立て器で混ぜる。砂糖を加え、白っぽくなるまでさらに混ぜる。

2 卵を溶き、**1** に3回に分けて加え、その都度混ぜ合わせる。

3 薄力粉、ベーキングパウダー、塩をふるい入れ、ゴムベラで混ぜ合わせる。

4 別のボウルにバナナを入れてフォークで潰し、**3** に加えて混ぜる。クッキングシートを敷いた型に流す。

5 170℃に予熱したオーブンで10分焼く。一度取り出して包丁で縦に切り目を入れ、さらに35分焼く。

Point: 切り目を入れると、山型にきれいにふくらみます!

Point: 竹串を刺してみて、生地がつかなかったら焼き上がり。生地がついてくる場合は3分ずつ追加で加熱して様子を見る。

Point: 一晩休ませてお召し上がりください。

Memo

シンプルだけどリッチな味わい。しっとりとした生地にバナナとバターの香りが広がる、子どもも大人も大好きなケーキです。お休みの日に作って、少しずつ切り分けてコーヒーや紅茶と一緒に食べたい!

キャロットケーキ

私はカフェに行くと、
ついキャロットケーキを
頼んでしまいます。
お店によって
スパイスの風味が強かったり、
レーズンやくるみが入っていたり。
キャロットケーキを食べ比べるカフェ巡りは、
最近ひそかにハマっていることの1つです。

材料
（21×8×高さ6cmのパウンドケーキ型1台分）

- 卵 … 2個
- オリーブオイル … 100g
- 砂糖 … 70g
- にんじん … 150g
- 薄力粉 … 130g
- ベーキングパウダー … 3g
- シナモンパウダー … 6g
- ナツメグ … 2g
- クリームチーズ … 200g
- 粉砂糖 … 60g
- レモン汁 … 小さじ1
- くるみ … 30g

事前準備

- 卵、クリームチーズは室温にもどす。
- オーブンは180℃に予熱する。

作り方

1 卵をボウルに割り入れ、溶く。オリーブオイルを加え、泡立て器でよく混ぜる。

2 砂糖を加え、よく混ぜる。

3 にんじんをすりおろし、**2** に加えてよく混ぜる。

4 薄力粉、ベーキングパウダー、シナモンパウダー、ナツメグをふるい入れ、ゴムベラでダマがなくなるまで混ぜる。

5 クッキングシートを敷いた型に流し、180℃に予熱したオーブンで20分焼く。焦げ目がつかないようにアルミホイルを被せて、さらに10分焼く。

> **Point:** 竹串を刺してみて、生地がつかなかったら焼き上がり。生地がついてくる場合は3分ずつ追加で加熱して様子を見る。

6 焼いている間にクリームチーズをボウルに入れ、ゴムベラでやわらかくなるまで混ぜる。粉砂糖、レモン汁を順に加え、その都度混ぜる。くるみを包丁で砕いて加え、混ぜ合わせる。

7 **5** が焼き上がり、粗熱が取れたら、型から外して上下2等分にスライスする。下半分の上面に **6** のクリームをたっぷり塗り、上半分を重ねる。ラップでケーキ全体を巻き、冷蔵庫で一晩休ませる。

Memo

クリームチーズのフロスティングがたっぷりサンドされたキャロットケーキ。カフェのようなおしゃれな断面も魅力的です。

チョコレートテリーヌ

夏の間、幼馴染が帰省し、
私に会いに来てくれました。
「チョコテリーヌが食べたいんだけど!!」
とキラキラとした瞳で話す彼女。
小学校からの仲良しです。
しかし当時は毎日喧嘩ばかり。
あーでもないこうでもないと
いつも本音で語り合ったからこそ、
今でも仲が良いのかもしれません。
そんな彼女とたくさんの思い出話をしながら
食べるチョコテリーヌは、
きっと世界一おいしいでしょう。

材料
(21×8×高さ6cmのパウンドケーキ型1台分)

- ビターチョコレート … 200g

  ※ 56%のクーベルチュールチョコレート
  　を使うと、もっと本格的な味に！

- バター（食塩不使用）… 100g
- 砂糖 … 40g
- 卵 … 3個
- 生クリーム … 100g

事前準備

- 卵は室温にもどす。
- オーブンは170℃に予熱する。

作り方

1 チョコレートを細かく刻む。耐熱ボウルにチョコレートとバターを入れ、600Wの電子レンジで1分加熱する。

2 滑らかになるまでゴムベラでよく混ぜる。チョコレートが溶け切っていない場合は、10秒ずつ追加で加熱して混ぜる。

3 砂糖を加えて混ぜる。卵を溶き、こしながら少しずつ加え、さらに混ぜる。

4 別の耐熱ボウルに生クリームを入れ、600Wの電子レンジで40秒加熱する。**3**に加えて混ぜ、クッキングシートを敷いた型に流し込む。

5 170℃に予熱したオーブンで35分焼く。オーブンから取り出して粗熱を取り、型に入れたまま冷蔵庫で一晩休ませる。

Memo

熱湯で温めた包丁で切ると、つやつやの断面になります！

さつまいものケーキ

高校3年生の卒業前、
最後の昼休みに
クラスメイトと一緒に食べたケーキ。
アイスクリームやドーナツ、
パーティープレートのお惣菜などを持ち込み、
みんな好き勝手に食べていました（笑）。
私はさつまいものケーキを持参し、
友達とわいわい食べた記憶があります。
クラスにおしゃれできれいな人が
集まっていたおかげで、
私は眉毛を描けるようになりました。

材料
（21×8×高さ6cmのパウンドケーキ型1台分）

- さつまいも … 200g
- バター（食塩不使用）… 100g
- 砂糖 … 90g
- 卵 … 2個
- 薄力粉 … 90g
- ベーキングパウダー … 4g
- 塩 … ふたつまみ

事前準備

- バター、卵は室温にもどす。
- オーブンは160℃に予熱する。

作り方

1 さつまいもは水でよく洗い、濡らしたキッチンペーパーでくるみ、その上からラップで包む。600Wの電子レンジで2分30秒加熱する。

2 加熱したさつまいもの皮をむき、さいの目切りにする。

3 ボウルにバターを入れ、クリーム状になるまで泡立て器で混ぜ、砂糖を加えて白っぽくなるまで混ぜ合わせる。

4 卵を溶き、**3** に3回に分けて加え、その都度混ぜ合わせる。

5 薄力粉、ベーキングパウダー、塩をふるい入れ、ゴムベラで混ぜ合わせる。

6 さつまいもを加えて混ぜ合わせ、クッキングシートを敷いた型に流す。

7 160℃に予熱したオーブンで30分焼き、焦げ目がつかないようにアルミホイルを被せてさらに15分焼く。

Point: 竹串を刺してみて、生地がつかなかったら焼き上がり。生地がついてくる場合は3分ずつ追加で加熱して様子を見る。

Point: 一晩休ませてお召し上がりください。

Memo

ほっこりおいしいさつまいものケーキ。素朴ですが、さつまいもをたっぷり味わえます。

はちみつレモン

私が何度も作っている
ドリンクやトッピングに
アレンジ自在な
レシピを紹介します。

材料(容量225gの保存瓶1個分)

・ レモン(国産) … 1個
・ はちみつ … 適量

Memo

キュンと甘酸っぱいはちみつレモン。たっぷりのはちみつにレモンを漬けて作ります。冷蔵庫で約3ヶ月保存できます。

作り方

1 鍋に保存瓶とかぶるくらいの水を入れて火にかける。5分程沸騰させたら火を止めて瓶を取り出し、清潔な布巾の上で冷ましておく。

2 レモンは薄い輪切りにし、クッキングペーパーで水気を取る。

3 乾いた **1** の瓶にレモンを入れ、上までたっぷりはちみつを注ぐ。

4 ふたを閉めて冷蔵庫に入れ、一晩休ませる。

つい手が伸びちゃう焼き菓子

次々と食べてしまうスコーンに、
クッキー、マフィン。
サクサクほろほろの食感に
手が止まらない。

焼き菓子を作るその前に

小腹がすいたときにつまみたいクッキーや、
アレンジも楽しいスコーン。
この章では、様々なスコーンやクッキー、
マフィンなどの焼き菓子のレシピを紹介します。

使用する抜き型について

この章のレシピでは、2つの抜き型を使用しています。
好きな型や、包丁で切って形作ることも可能です。

ぜひお好きな型で
作ってみてください。

◎直径5cmの菊型　　　　　　◎直径4cmの猫型

私が愛用している菊型は、スコー
ン好きの方にとてもおすすめです。
なぜなら、形が可愛いから（単純）！
この型を使うと、一気に焼き菓子
屋さんの気分になれます。

焼き菓子を保存するときは

食べきれない分を冷凍したり、生地を冷凍保存したりしておけば、
食べたいときにすぐ味わうことができます。

クッキー生地の保存方法

焼く前の生地を冷凍保存すると、1ヶ
月程もちます。

冷凍方法

1 焼く前の生地をラップで包み、空
気に触れないようにする。

2 生地が入るサイズの保存袋に入れ、
冷凍庫で保存する。

解凍方法

1 室温で5分程置き、レシピ通りに伸
ばして型で抜き、焼く。

スコーンの保存方法

焼き上がったスコーンを冷凍保存すると、
2週間程もちます。

冷凍方法

1 焼き上がったスコーンをラップで1つ
ずつ包み、空気に触れないようにする。

2 スコーンが入るサイズの保存袋に入れ、
冷凍庫で保存する。

解凍方法

1 保存袋からラップごと取り出し、その
まま冷蔵庫で3時間程解凍する。

2 180℃に予熱したオーブンで3分焼く。

シ ン プ ル な ス コ ー ン

スコーン好きの私は、暇になるとよくスコーンを作って、
朝ごはんやおやつに食べています。
やっぱり焼きたてが一番おいしい。

材料
（直径5cmの菊型6個分）

・薄力粉 … 200g
・ベーキングパウダー … 10g
・砂糖 … 30g
・塩 … ひとつまみ
・バター（食塩不使用）… 50g
・牛乳 … 70g
・プレーンヨーグルト … 大さじ1
・卵黄 … 1個分（なくても○K）

事前準備

・バター、牛乳は使用直前まで冷やす。
・オーブンは190℃に予熱する。

作り方

1 ボウルに薄力粉、ベーキングパウダー、砂糖、塩を入れ、泡立て器で混ぜ合わせる。

2 バターを角切りにし、**1**に加える。カード（またはゴムベラ）で切るように混ぜ、粉がサラサラになったら牛乳、ヨーグルトを加え、1つにまとめる。

3 生地を麺棒で伸ばし、3〜4回折って層を作り、また伸ばす。この作業を3回程繰り返し、厚さ3cmに伸ばす。型で抜き、表面に溶いた卵黄を塗る。

Point: 卵黄を塗ると、焼いた後につやが出ます。塗らなくても○K!

4 190℃に予熱したオーブンで17分焼く。

Memo

我が家の定番、愛されスコーン。熱いうちにクロテッドクリームをのせて食べるのがおすすめです。ジャムや生クリームと一緒に食べるのも◎

紅茶スコーン

「シンプルなスコーン」のレシピを
アレンジして、
香り豊かな紅茶スコーンに。

材料
（直径5cmの菊型6個分）

「シンプルなスコーン」の材料

+

A ・アールグレイの茶葉 … 4g
  ・紅茶パウダー … 3g

・ホワイトチョコレート … 50g
・紅茶パウダー … 1g
・アールグレイの茶葉 … 適量

事前準備

・バター、牛乳は使用直前まで冷やす。
・オーブンは190℃に予熱する。

作り方

1 「シンプルなスコーン」の工程 **1** に **A** を加え、**4** まで同様に作る。

2 チョコレートを細かく刻んでボウルに入れ、40〜45℃の湯で湯煎する。チョコレートが溶けたら紅茶パウダーを加え、混ぜる。

Point: 湯煎するときは、チョコに水が入らないように注意！

3 粗熱が取れたスコーンに **2** をかけ、細かく砕いた茶葉を飾る。

サンドスコーン

「シンプルなスコーン」を上下にぱかっと割って、
好きなものを好きなだけはさむアレンジ。

**クロテッドクリームと
いちご**

ちょっと贅沢だけど、
こんなに可愛い。

あんバター

あんことバターを
好きなだけサンド。
私の一推し！

**スモークサーモンと
クリームチーズ**

ディルも少しのせて。
ちょっとおしゃれな
朝ごはんに。

アメリカンチョコスコーン

材料
（6個分）

- 薄力粉 … 200g
- ベーキングパウダー … 6g
- 砂糖 … 30g
- シナモンパウダー … 1g（なくても○K）
- バター（食塩不使用）… 60g
- 牛乳 … 50g
- 溶き卵 … 30g（約 ½ 個分）
- チョコチップ … 50g

事前準備

- バターは使用直前まで冷やす。
- オーブンは 200℃に予熱する。

作り方

1 ボウルに薄力粉、ベーキングパウダー、砂糖、シナモンパウダーを入れ、泡立て器で混ぜ合わせる。

2 バターを角切りにし、**1** に加える。カード（またはゴムベラ）で切るように混ぜ合わせ、粉がサラサラになったら牛乳、溶き卵を加え、1つにまとめる。

3 チョコチップを加えて直径14cm、厚さ2cm程の円形に整え、カード（または包丁）で6等分にする。

4 200℃に予熱したオーブンで15分焼く。

Memo

ぜひ焼きたてをお召し上がりください。外側はザクザク、中はしっとりのスコーンが味わえます。シナモンを入れると、よりアメリカンな印象に！

全 粒 粉 ス コ ー ン

材料
（直径5cmの菊型6個分）

- 薄力粉 … 110g
- 全粒粉 … 90g
- ベーキングパウダー … 10g
- 砂糖 … 25g
- 塩 … ひとつまみ
- バター（食塩不使用）… 50g
- 牛乳 … 75g

事前準備

- バター、牛乳は使用直前まで冷やす。
- オーブンは190℃に予熱する。

作り方

1 ボウルに薄力粉、全粒粉、ベーキングパウダー、砂糖、塩を入れ、泡立て器で混ぜ合わせる。

2 バターを角切りにし、**1** に加える。カード（またはゴムベラ）で切るように混ぜ、粉がサラサラになったら牛乳を加え、1つにまとめる。

3 生地を麺棒で伸ばし、3〜4回折って層を作り、また伸ばす。この作業を3回程繰り返し、厚さ3cmに伸ばして型で抜く。

4 190℃に予熱したオーブンで17分焼く。

Memo

実は結構お気に入りのスコーン。素朴な見た目だけど、これがまた愛おしい。粉の味をうんと楽しめます。

ブルーベリーマフィン

材料
（9号のグラシンカップ6個分）

- 卵 … 1個
- オイル（太白ごま油や米油がおすすめ）… 60g
- 砂糖 … 50g
- 薄力粉 … 150g
- ベーキングパウダー … 5g
- 塩 … ひとつまみ
- 牛乳 … 40g
- 冷凍ブルーベリー … 80g

事前準備

- 卵は室温にもどす。
- オーブンは170℃に予熱する。

作り方

1 卵をボウルに割り入れ、溶く。オイルを加え、泡立て器でよく混ぜる。

2 砂糖を加え、よく混ぜる。

3 薄力粉、ベーキングパウダー、塩をふるい入れ、ゴムベラでさっくり混ぜる。

> **Point:** この時点では、ダマが残っていてOK!

4 牛乳を加えて混ぜる。

> **Point:** 粉っぽさがなくなり、つやが出るまで混ぜよう!

5 冷凍ブルーベリーを加えて軽く混ぜたら、グラシンカップをマフィン型に敷き、生地を流し込む。

6 170℃に予熱したオーブンで25～30分焼く。

> **Point:** ぜひ、出来たてをお召し上がりください。

Memo

オイルで作るので楽々! 家で簡単に作れます。マフィン型は100円ショップで売っている型でも◎ 100円ショップって、本当に何でも売っていてすごい。ラッピングの材料も充実しているので、お菓子をおすそ分けするときにも使えます。ラッピング方法はP118で紹介しているので、ぜひご覧ください♪

塩ココアクッキー

材料
（直径4cmの猫型15個分）

- バター（食塩不使用）… 50g
- 砂糖 … 30g
- 薄力粉 … 80g
- 塩 … ふたつまみ
- ココアパウダー… 20g
- 市販のチョコペン（白）… 適宜

事前準備

- バターは室温にもどす。

作り方

1 ボウルにバターと砂糖を入れ、滑らかになるまでゴムベラですり混ぜる。

2 薄力粉、塩、ココアパウダーをふるい入れ、混ぜる。生地が1つにまとまったら、麺棒で5mm厚さに伸ばす。

3 生地をラップで包み、冷蔵庫で1時間程休ませる。

Point: 冷蔵庫から取り出す前にオーブンを170℃に予熱する。

4 生地を冷蔵庫から取り出し、型で抜く。

Point: 好きな型で抜いたり、包丁で切ったりしてください。

5 170℃に予熱したオーブンで15分程焼く。粗熱が取れたら、好みでチョコペンで顔を描く。

Memo

猫型を使うと黒猫になり、ちょっとしたプレゼントにもおすすめ。もちろん違う型で抜いても◎　程よい塩加減とココアの心地よい風味のクッキーです。

全 粒 粉 ク ッ キ ー

材料
（直径4cmの猫型12個分）

- バター（食塩不使用）… 50g
- 砂糖 … 30g
- 薄力粉 … 70g
- 全粒粉 … 30g
- 塩 … ひとつまみ
- 牛乳 … 小さじ1

事前準備

- バターは室温にもどす。

作り方

1 ボウルにバターと砂糖を入れ、滑らかになるまでゴムベラですり混ぜる。

2 薄力粉、全粒粉、塩をふるい入れて混ぜ、まとまってきたら牛乳を加えてさらに混ぜる。生地が1つにまとまったら、麺棒で厚さ1cm程に伸ばす。

3 生地をラップで包み、冷蔵庫で1時間程休ませる。

> **Point:** 冷蔵庫から取り出す前にオーブンを170℃に予熱する。

4 生地を冷蔵庫から取り出し、型で抜く。

> **Point:** 好きな型で抜いたり、包丁で切ったりしてください。

5 170℃に予熱したオーブンで15分程焼く。

Memo

またまたちょっと地味なクッキー。しかし上品な甘味と粉の味は、子どもから大人まで万人受け！ 大切な人に日頃の感謝を込めて渡すのもおすすめです。

シ ン プ ル な ク ッ キ ー

クッキーというと、
幼少期に母と一緒に作ったことを思い出します。
一緒に作ったといっても、私の担当作業は型で生地を抜くだけ。
下準備や私がベッタベタに汚した台所の後片付けは、母がやってくれました。
今考えると本当にありがたい話です。
そういえば、もう1つクッキーの思い出が！
小学生の頃、仲の良い女の子とクッキーを作り、
1つだけこしょうや一味、謎の香辛料を加えた激辛クッキーを作りました。
ほかのクッキーと一緒にていねいにラッピングしてクラスの男の子に渡すと、
その子はクッキーを全部食べてくれました（怒られたけど）。
一緒にクッキーを作った女の子とは、今でも大の仲良しです。

材料
（12個分）

- バター（食塩不使用）… 60g
- 砂糖 … 25g
- 薄力粉 … 100g
- 塩 … ひとつまみ

事前準備

- バターは室温にもどす。

作り方

1 ボウルにバターと砂糖を入れ、滑らかになるまでゴムベラですり混ぜる。

2 薄力粉、塩をふるい入れて混ぜる。生地が1つにまとまったら、麺棒で縦10cm×横15cm×厚さ1cm程に伸ばす。

Point: 生地の大きさは大体でOK!

3 生地をラップで包み、冷蔵庫で1時間程休ませる。

Point: 冷蔵庫から取り出す前にオーブンを170℃に予熱する。

4 生地を冷蔵庫から取り出し、包丁で横半分に切った後、縦に6等分し、12個に切り分ける。爪楊枝で模様をつける。

Point: 型で抜いても、包丁で違う形に切っても◎

5 170℃に予熱したオーブンで15分程焼く。

Memo

バターが香るクッキー。簡単なのでさっとお菓子を作って食べたいときにもおすすめです。

ラ ム レ ー ズ ン バ タ ー サ ン ド

材料
（直径5cmのもの5個分（菊型使用））

［クッキー生地］
- バター（食塩不使用）… 60g
- 粉砂糖 … 40g
- 薄力粉 … 100g
- 塩 … ひとつまみ

［バタークリーム］
- ホワイトチョコレート … 20g
- バター（食塩不使用）… 50g
- 塩 … ひとつまみ
- レーズン … 30g
- ラム酒 … 小さじ1

事前準備

- バターはクッキー生地用、バタークリーム用共に室温にもどす。

作り方

［クッキー生地］

1 ボウルにバターと粉砂糖を入れ、滑らかになるまでゴムベラですり混ぜる。

2 薄力粉、塩をふるい入れて混ぜ、生地が1つにまとまったら麺棒で5mm厚さに伸ばす。

3 生地をラップで包み、冷蔵庫で1時間程休ませる。

　Point: 冷蔵庫から取り出す前にオーブンを170℃に予熱する。

4 生地を冷蔵庫から取り出し、型で10枚抜く。

5 170℃に予熱したオーブンで15分程焼く。オーブンから取り出し、冷ます。

［バタークリーム］

6 チョコレートを細かく刻んでボウルに入れ、40〜45℃の湯で湯煎する。

7 別のボウルにバターを入れて滑らかになるまでゴムベラで混ぜ、**6**、塩、レーズン、ラム酒を加えてよく混ぜる。

8 ボウルにラップをかけ、冷蔵庫で10分程冷やす。

9 冷蔵庫から取り出してかき混ぜ、スプーンですくって**5**にのせる。もう1枚のクッキーではさみ、同様にあと4個作る。冷蔵庫で30分以上冷やす。

Memo

可愛い顔をして、とんでもなく高カロリーなこのクッキー。頑張った日の自分へのご褒美にぜひ！ レーズンの代わりにドライいちじくやほかのドライフルーツをはさんでもおいしい。

はちみつレモンのアレンジ

レ モ ネ ー ド

作っておいた
はちみつレモン（P28）は
いろんな楽しみ方ができます。
ここでは、さっぱりとした
レモネードにアレンジ。

材料(1人分)

- 氷 … 適量
- はちみつレモンの汁
　… 大さじ2
- はちみつレモンのスライス
　… 1枚
- 炭酸水 … 200ml
- ミント … 適宜

作り方

1 グラスに氷を入れ、はちみつレモンの汁、はちみつレモンのスライスを加える。

2 炭酸水を注ぎ、好みでミントを飾る。

そのほかのおすすめの食べ方

- フレンチトースト、パンケーキに添える
- ヨーグルトにかける

ひんやりおいしい冷たいもの

夏の暑い日に食べたり、
冬にあったかい部屋で食べたり。
結局冷たいものは
いつも食べたくなる。

ベリーとピスタチオのカッサータ

カッサータは
イタリア・シチリアのスイーツです。
本場ではリコッタチーズや
洋酒を使用していますが、
今回は日本人にも親しみやすい味にアレンジしました。

材料(21×8×高さ6cmのパウンドケーキ型1台分)

- ピスタチオ … 40g
- クリームチーズ … 200g
- 生クリーム … 200g
- 冷凍ミックスベリー … 100g
- 砂糖 … 70g
- レモン汁 … 小さじ1

事前準備

- クリームチーズは室温にもどす。
- オーブンは150℃に予熱する。

作り方

1 ピスタチオを150℃に予熱したオーブンで10分焼き、冷ましておく。

2 ボウルに生クリームと砂糖を入れ、泡立てる。

Point: 泡立て器で持ち上げるとクリームがとろりと落ち、線が残るくらいまで泡立てる。

3 別のボウルにクリームチーズを入れ、ゴムベラで混ぜる。**2**の生クリームの1/3を加え、馴染むまで混ぜる。混ざったら残りの生クリームをすべて加え、混ぜる。

4 **1**のピスタチオを包丁で粗く刻み、**3**に加える。

5 冷凍ミックスベリーとレモン汁を加えてゴムベラでさっくりと混ぜ、クッキングシートを敷いた型に流す。

6 冷凍庫で一晩休ませる。

Point: 好みの厚さに切ってお召し上がりください。時間が経つにつれて変わる食感も楽しめます。

アレンジ：オレンジチョコナッツのカッサータ

材料(21×8×高さ6cmのパウンドケーキ型1台分)

- アーモンド … 20g
- ピスタチオ … 20g
- 生クリーム … 200g
- 砂糖 … 50g
- クリームチーズ … 200g
- ビターチョコレート … 50g
- オレンジピール … 100g

事前準備

- クリームチーズは室温にもどす。
- オーブンは150℃に予熱する。

作り方

1 アーモンドとピスタチオを150℃に予熱したオーブンで10分焼き、冷ましておく。

2 「ベリーとピスタチオのカッサータ」の工程**2**、**3**と同様に作る。

3 **1**のアーモンドとピスタチオ、ビターチョコレートを包丁で粗く刻み、生地の入ったボウルに加える。

4 オレンジピールを加えてゴムベラでさっくりと混ぜ、クッキングシートを敷いた型に流す。

5 冷凍庫で一晩休ませる。

ミルクのおいしさ引き立つ!

ミルクプリン

材料 (1〜2人分)

- ・ゼラチン … 2g
- ・水 … 20g
- ・牛乳 … 180g
- ・練乳 … 10g
- ・砂糖 … 10g

事前準備

- ・耐熱容器にゼラチンと水を入れ、
  ふやかす。

作り方

1 牛乳、練乳、砂糖を耐熱ボウルに入れ、
500Wの電子レンジで2分加熱する。

2 泡立て器でダマがなくなるまでしっかり
混ぜる。

3 ふやかしたゼラチンを500Wの電子レン
ジで20秒加熱する。塊が残っていた
らさらに10秒加熱する。

4 **3** のゼラチンを **2** のボウルに加え、よ
く混ぜる。

5 こし器でこしながら器に入れ、冷蔵庫で
4時間以上冷やす。

Memo

ぷるんとやわらかいミルクプリン。練乳
が入っているのでコクがあります。どこ
か懐かしい味で、缶詰のみかんを添えて
食べるのもおすすめです！

ほ う じ 茶 プ リ ン

「これおいしい！　今度お客様が来るから、作って！」
と母に言われた私。
母に頼まれたことが嬉しくて、
張り切ってほうじ茶プリンを作りました。
しかし、なんと母は
お客様に出すのを忘れてしまい、
結局このプリンは
私と母が食べることに……。
天然な母なので、
こういうことはよくあります
（まったくもう！）。
お茶目な母親の話でした。

材料 (1~2人分)

- ゼラチン … 3g
- 水 … 30g
- ほうじ茶の茶葉 … 大さじ2
- 牛乳 … 180g
- 生クリーム … 50g
- 砂糖 … 15g

事前準備

- 耐熱容器にゼラチンと水を入れ、ふやかす。

作り方

1 ほうじ茶の茶葉、牛乳、生クリームを耐熱ボウルに入れ、500Wの電子レンジで2分加熱する。

2 そのまま7分放置し、こし器でこして茶葉を取り除き、耐熱ボウルにもどして砂糖を加えてさらに1分加熱する。

3 泡立て器でダマがなくなるまでしっかり混ぜる。

4 ふやかしたゼラチンを500Wの電子レンジで20秒加熱する。塊が残っていたらさらに10秒加熱する。

5 **4** のゼラチンを **3** のボウルに加え、よく混ぜる。

6 こし器でこしながら器に入れ、冷蔵庫で4時間以上冷やす。

ヨ ー グ ル ト の ア イ ス

材料
（21×8×高さ6cmのパウンドケーキ型1台分）

- 生クリーム … 200g
- 砂糖 … 60g
- プレーンヨーグルト … 250g
- ミント … 適宜

作り方

1 ボウルに生クリーム、砂糖を入れ、泡立てる。

Point: もったりとして筋が残らないくらいまで泡立てる。

2 ヨーグルトを加え、ゴムベラでダマがなくなるまで混ぜる。

3 型に流し、冷凍庫で一晩冷やしかためる。器に盛り、好みでミントを飾る。

Point: 冷凍庫に入れた30分後に一度取り出してかき混ぜると、食感が滑らかに！

Memo

「ヨーグルトのアイス」のおすすめの食べ方をご紹介します！

1　そのまま食べる
2　クッキーではさんで食べる
3　果物と一緒に食べる

桃を、アールグレイの茶葉、レモン汁、はちみつに漬けてマリネにし、このアイスを添えて食べるのがもう絶品……。ぜひお試しください！

動物白玉のフルーツポンチ

材料（3人分）

- 白玉粉 … 60g
- 水 … 55g
- いちご … 適量
- キウイ … 適量
- ミックスフルーツ缶 … 200g
- サイダー … 100ml
- 黒ごま … 適量

事前準備

- 鍋に湯を沸かす。

作り方

1 ボウルに白玉粉と水を入れ、手でこねる。3cm大の丸1つ、5mm大の丸2つを作り中心を少しくぼませ、組み合わせて熊の形にする。これを3個作る。

2 クッキングシートを白玉よりも一回り大きく切り、成形した白玉をのせる。余った白玉は2cm大に丸めて中心を少しくぼませる。

3 熊の形の白玉をクッキングシートごと、沸騰した湯で茹でる。丸く成形した白玉は、そのまま茹でる。

4 白玉が浮いてきたらおたまですくい、冷水にとって冷やす。

5 冷やしている間にいちごとキウイを好みの大きさに切る。

6 ボウルにフルーツ缶を汁ごと入れ、サイダー、**5** を加える。

7 冷水から白玉を取り出し、熊の形の白玉には黒ごまをのせて目と鼻を作る。

8 器に **6** を入れ、**7** の白玉を飾る。

Memo

シュワッとしたサイダーに、ジューシーなフルーツ、もちもちの白玉を加えたフルーツポンチは、給食を思い出します。熊の白玉は、ほかの動物の形で作ってもとっても可愛い仕上がりに！

杏仁豆腐

材料 (1~2人分)

- ゼラチン … 2g
- 水 … 20g
- 砂糖 … 15g
- 杏仁霜 … 5g
- 牛乳 … 100g
- 生クリーム … 50g
- いちご … 適宜

事前準備

- 耐熱容器にゼラチンと水を入れ、ふやかす。

作り方

1 耐熱ボウルに砂糖、杏仁霜を入れ、泡立て器でよく混ぜる。

2 牛乳、生クリームを加え、500Wの電子レンジで2分加熱する。

3 ダマがなくなるまでしっかり混ぜる。

4 ふやかしたゼラチンを500Wの電子レンジで20秒加熱する。塊が残っていたらさらに10秒加熱する。

5 **4** のゼラチンを **3** のボウルに加え、よく混ぜる。

6 こし器でこしながら器に入れ、冷蔵庫で4時間以上冷やす。好みで2等分にしたいちごを飾る。

Memo

いちごやクコの実、ミントなどを好みでのせて、お召し上がりください。このレシピは鍋を使わずに電子レンジでできるので、とっても簡単! 杏仁豆腐好き必見のレシピです。

カ ス タ ー ド プ リ ン

材料
（21×8×高さ6cmのパウンドケーキ型1台分）

[カラメルソース]
- 砂糖 … 60g
- 水 … 40g
- 熱湯 … 大さじ2

[プリン生地]
- 卵 … 3個
- 卵黄 … 3個分
- 砂糖 … 60g
- 牛乳 … 250g
- 生クリーム … 100g

事前準備

- 卵は室温にもどす。
- オーブンは150℃に予熱する。
- 底の取れる型を使用する場合は、型の外側をアルミホイルで包む。

作り方

[カラメルソース]

1 小鍋に砂糖、水を入れ、よく混ぜる。

2 1 を中火にかけ、時々鍋をゆすりながら色を均一にする。

> **Point:** 火にかけてからは、箸などで混ぜないように注意!

3 カラメルが好みの色になったら火を止め、熱湯を加える。そのまま型に流し込む。

[プリン生地]

4 ボウルに卵、卵黄を入れて泡立て器でよく混ぜ、卵のコシがなくなったら砂糖を加えて混ぜる。

5 耐熱ボウルに牛乳、生クリームを入れ、500Wの電子レンジで4分加熱する。

6 4 に 5 を加え、泡立て器で混ぜる。

7 6 をこしながら、カラメルソースが入った型に流し込む。

8 天板に60℃の湯を張り、150℃に予熱したオーブンで45分焼く。

> **Point:** プリンの食感は、湯煎焼きするときの湯の温度が決め手!

9 粗熱が取れたら冷蔵庫に入れ、一晩冷やす。

Memo

何度も何度も試作したプリン。理想の味になるまで、何回も焼きました。このプリンはしっかりかため。ですが、口の中に入れると滑らかに。「えながのプリンはこういう味なのね! ふむふむ」と思って、お召し上がりください。

きなことバナナの
スムージー

ブルーベリーとヨーグルトの
スムージー

暑い日に飲みたい、
2種類のスムージー。
きなこの風味や、
さっぱりとしたヨーグルトで、
身体も目覚めます。

材料(1人分)

- バナナ … 1本
- きなこ … 大さじ1
- 牛乳 … 110g
- はちみつ … 大さじ1
- レモン汁 … 小さじ1

作り方

1 ミキサーにすべての材料を入れる。

2 撹拌し、グラスに注ぐ。

材料(1人分)

- 冷凍ブルーベリー … 50g
- プレーンヨーグルト … 100g
- 牛乳 … 50g
- はちみつ … 大さじ1
- ミント … 適宜

作り方

1 ミキサーにミント以外のすべての
材料を入れる。

2 撹拌し、グラスに注ぐ。好みでミン
トを飾る。

1 日 の 始 ま り に 食 べ た い 朝 ご は ん

朝ごはんが楽しみだと、
1日頑張れる気がする。
前日から仕込んでおけば、
朝起きるのも簡単かも。

ホ ッ ト ケ ー キ

材料(6枚分)

- 卵 … 1個
- 砂糖 … 30g
- 絹ごし豆腐 … 150g
- ベーキングパウダー … 10g
- 薄力粉 … 160g
- 牛乳 … 50g
- みりん … 大さじ1
- バター（食塩不使用）、メープルシロップやはちみつ … 適宜
- サラダ油 … 適量

作り方

1 ボウルに卵と砂糖を入れ、泡立て器でよく混ぜる。

2 豆腐を加え、滑らかになるまで混ぜる。

3 ベーキングパウダー、薄力粉をふるい入れ、ゴムベラで混ぜる。

4 牛乳、みりんを加え、むらなく混ぜる。

5 フライパンに油をひき、中火にかける。余分な油をふき取り、**4** をおたま1杯分流し入れる。

6 弱火にし、生地にふつふつと穴が開いてきたら裏返す。

7 生地が色づいたらフライパンから取り出し、同様にあと5枚焼く。皿に盛り、好みでバター、メープルシロップやはちみつをかける。

Memo

ふっくらおいしいホットケーキを、朝ごはんに食べるのが好きです。ホットケーキミックスで作ってもおいしいですが、混じりっけのない薄力粉を使うと優しい味が広がります。口に入れたら心もほっこり。きっと素敵な1日になるでしょう。

とろとろフレンチトースト

材料 (1~2人分)

- 食パン（6枚切り）…1枚
- 卵…1個
- 牛乳…100g
- 砂糖…大さじ1
- バター（食塩不使用）…適量
- はちみつやメープルシロップ…適宜

Memo

シンプルにバターやはちみつを添えても
いいし、ホイップクリームを添えると一
気にカフェ風フレンチトーストになりま
す。ぜひ、いろいろアレンジしてみてく
ださい！

作り方

1 パンを好みの大きさに切る。

2 ボウルに卵、牛乳、砂糖を順に入れ、そ
の都度泡立て器で混ぜる。

3 ポリ袋に **2** を入れ、**1** のパンを加えて
冷蔵庫で4時間以上休ませる。

Point: 前日の夜に仕込んでおくのも◎

4 フライパンにバターを入れて弱火にかけ、
3 のパンを焼く。

5 両面に焼き色がついたら取り出し、皿に
盛る。好みでバターをのせ、はちみつや
メープルシロップをかける。

アレンジ：ハムチーズサンド

材料 (1~2人分)

- 卵…2個
- 牛乳…200g
- 砂糖…大さじ2
- 食パン（6枚切り）…2枚
- バター（食塩不使用）…適量
- ハム…20g
- ピザ用チーズ…40g
- はちみつ、粗びき黒こしょう
  …適宜

作り方

1 ボウルに卵、牛乳、砂糖を順に入れ、その都度
泡立て器で混ぜる。

2 ポリ袋に **1** を入れ、パンを加えて冷蔵庫で4
時間以上休ませる。

Point: 前日の夜に仕込んでおくのも◎

3 フライパンにバターを入れて弱火にかけ、**2**
のパンを1枚置く。パンの上にハムとチーズを
のせ、もう1枚のパンを重ねる。

4 焼き色がついたら裏返し、もう片面も好みの焼
き色がつくまで焼く。

5 フライパンから取り出し、半分に切って皿に盛
る。好みではちみつをかけ、黒こしょうをふる。

たまごサンド

材料(1~2人分)

・卵…2個
・はちみつ…小さじ ½
・バター（食塩不使用）…小さじ1
・食パン（6枚切り）…2枚

A
- ・マヨネーズ…小さじ2
- ・マスタード…小さじ1
- ・牛乳…小さじ1
- ・塩こしょう…適量

事前準備

・バターは室温にもどす。

作り方

1 鍋に水と卵を入れ、中火にかけて13分茹でる。

2 ボウルにはちみつとバターを入れて泡立て器で混ぜ、パンに薄く塗る。

> **Point:** パンにバターを塗ると、食材の水分でベタベタになりにくい。

3 **1**で作ったゆで卵を粗みじん切りにして別のボウルに入れ、**A**を加えて混ぜる。

> **Point:** 卵カッターを使うとお手軽◎

4 **2**のパンに**3**をはさみ、温めた包丁で食べやすく切る。

Memo

サンドウィッチ屋さんへ行くと、いつもたまごサンドを選んでしまいます。照り焼きチキンが入っていたら、より最高！もちろん普通のたまごサンドも大好物。このレシピのサンドウィッチはほんのり甘く、マスタードがアクセントです。

いちごサンド

いつも通り地下鉄に乗って帰宅していたある日、
一駅うっかり乗り過ごしてしまいました。
「一駅だけなら歩いて帰ろう！」ということで
普段とは違う駅で降りた、その帰り道。
通りかかった八百屋さんで、なんといちごが1パック298円！
あまりの安さに驚き、ルンルンで買って帰りました。
たまには散歩も悪くない。
家に帰って大好きないちごサンドを仕込んでいると、
唐突にピクニックがしたくなり、次の日は急遽ピクニックに。
うっかりから生まれた、充実の一日になりました。

材料(1〜2人分)

- 生クリーム … 100ml
- 砂糖 … 小さじ2
- 練乳 … 小さじ2
- 食パン(6枚切り) … 2枚
- いちご … 5粒

作り方

1 ボウルに生クリーム、砂糖、練乳を入れ、ツノがピンと立つ程度に泡立てる。

2 **1**の半量を、2枚のパンそれぞれに満遍なく塗る。残りの**1**をスプーンですくい、片方のパンに写真のように対角線状にのせる。

3 いちごのヘタを取り、写真のように対角線状にのせたクリームの上に並べる。

Point: いちごの先端がパンの中心を向くように並べる。向きに注意!

4 もう1枚のパンを重ね、ラップで優しく包む。

5 冷蔵庫で一晩休ませ、温めた包丁で対角線状に切る。

Point: 3時間以上休ませよう。

ベーコンエッグトースト

材料 (1人分)

- 薄力粉…5g
- バター (食塩不使用)…5g
- 牛乳…50g
- 塩こしょう…適量
- ベーコン…40g
- 卵…1個
- 食パン (好みの厚さのもの)…1枚
- 粗びき黒こしょう…適宜

Memo

2で作るベシャメルソースを塗ったベーコンエッグトーストが一番好き。上品で優しい味とベーコンの塩気、卵のまろやかさがトーストによく合います。トーストにしてはちょっと手が込んでいるのですが、ベシャメルソースは電子レンジで簡単に作れるので、ぜひ作ってみてください。

作り方

1 耐熱容器に薄力粉、バター、牛乳を入れ、ダマがなくなるまで泡立て器でよく混ぜる。

2 ラップをし、500Wの電子レンジで30秒加熱してよく混ぜる。再度500Wの電子レンジで1分加熱し、混ぜる。塩こしょうをふり、味をととのえる。

3 パンを好みの焼き加減にトーストする。

4 フライパンを中火にかけ、ベーコンをこんがりするまで焼く。ベーコンを皿によけ、卵を割り入れ、好みのかたさの目玉焼きを作る。

5 **3**のパンに**2**のソースを塗り、ベーコン、目玉焼きをのせる。好みで黒こしょうをふる。

おうちで食べるいろんなパスタ

フライパン1つで作るパスタ。
簡単に作れて満足度も高い、
我が家の人気レシピ。

レモンクリームパスタ

濃厚だけど爽やかでおいしい、
何回もリピートしているレシピ。
歳の離れた弟も気に入って、
「また食べたい!」と笑顔で言ってくれました。
誰かと「おいしいねー!」と
話しながら食べるごはんは、いつもよりおいしく感じます。

材料（1人分）

- ベーコン … 35g
- 水 … 200g
- 塩 … ふたつまみ
- オリーブオイル … 大さじ1
- スパゲッティ … 100g
- 牛乳 … 100g
- コンソメ顆粒 … 2.5g
- 生クリーム … 100g
- レモン汁 … 大さじ2
- レモンの輪切り、粗びき黒こしょう
  … 適宜

作り方

1 ベーコンを好みの大きさに切る。フライパンを火にかけ、ベーコンを焼く。軽く焼き色がついたら皿によけておく。

2 **1**のフライパンに水を入れ、沸騰させる。塩、オリーブオイルを加え、半分に折ったスパゲッティを加える。

3 湯の量が半分になるまで茹で、牛乳、コンソメ顆粒を加えて混ぜる。

4 汁が半分程に減ったら生クリームを加える。生クリームが全体に行き渡り、汁気がなくなったら火を止め、よけておいたベーコンとレモン汁を加えて混ぜ合わせる。

Point: 最初は水っぽいけど、火を入れていくとどろっとしてきます!

5 皿に盛り、好みでレモンの輪切りをのせ、黒こしょうをふる。

エビとトマトのクリームパスタ

材料 (1人分)

- エビ … 5 尾
- にんにく … 1 かけ
- オリーブオイル … 大さじ 2
- 塩こしょう … 適量
- 水 … 200g
- 塩 … ふたつまみ
- スパゲッティ … 100g
- 牛乳 … 50g
- トマトピューレ … 150g
- コンソメ顆粒 … 2g
- 生クリーム … 50g
- 練乳 … 小さじ 1
- ローズマリー … 適宜 (なくても○K)

Memo

甘味とコクが深まる、練乳が隠し味のパスタ。練乳を買っても余らせちゃうからなぁ……という方のために、おすすめの練乳活用法をご紹介します。

1 ポテトサラダやエビマヨに入れる。
練乳はなんと、マヨネーズと相性が良いんです! 隠し味に入れると、まろやかになります。
2 シンプルにいちごにかける。
これは間違いない! かき氷にかけてもおいしい。
3 韓国系の辛い炒め麺に少し入れる。
これもおすすめ! チーズのトッピングも有名ですが、練乳も相性が良いです。

料理の主役になることは少ないけれど、名脇役な練乳なのです。

作り方

1 エビは殻をむき、背に切り込みを入れて背わたを取る。にんにくはみじん切りにする。

2 フライパンにオリーブオイルをひき、温まったらにんにくを炒める。香りが立ったらエビを加え、塩こしょうをふる。火が通ったらエビを皿によける。

3 2 のフライパンに水を入れ、沸騰させる。塩を加え、半分に折ったスパゲッティを加える。

4 湯の量が半分になるまで茹で、牛乳、トマトピューレ、コンソメ顆粒を加え、混ぜる。

5 汁が半分程に減ったら、生クリームと練乳を加える。生クリームが全体に行き渡り、汁気がなくなったら火を止める。

Point: 最初は水っぽいけど、火を入れていくとどろっとしてきます!

6 エビをもどし入れて混ぜ合わせ、皿に盛る。好みでローズマリーをのせる。

明太クリームパスタ

材料(1人分)

- 明太子 … ½ 腹 (1本)
- 水 … 200g
- 塩 … ふたつまみ
- オリーブオイル … 大さじ1
- スパゲッティ … 100g
- 牛乳 … 150g
- 麺つゆ (4倍濃縮) … 小さじ2
- 生クリーム … 50g
- マヨネーズ … 小さじ1
- バター (食塩不使用) … 5g
- 粗びき黒こしょう … 適量

作り方

1 明太子の皮に切り目を入れ、中身を取り出す。

2 フライパンに水を入れ、火にかけて沸騰させる。塩、オリーブオイルを加え、半分に折ったスパゲッティを加える。

3 湯の量が半分になるまで茹でたら、牛乳、麺つゆを加え、混ぜる。

4 汁が半分程に減ったら、生クリームを加える。生クリームが全体に行き渡り、汁気がなくなったら火を止め、明太子、マヨネーズを加えて混ぜ合わせる。

Point: 最初は水っぽいけど、火を入れていくとどろっとしてきます!

5 皿に盛り、バターをのせ、黒こしょうをふる。

Memo

たらこで作ることも可能です。明太子×麺つゆ×バターの組み合わせは間違いない! 明太子好きの私にはたまらないレシピです。ちなみに「今やりたいことランキング」の5位ぐらいにあるのが、博多に行って熱々のごはんと明太子を食べることです。

カ ル ボ ナ ー ラ

材料(1人分)

- ベーコン … 35g
- 水 … 200g
- 塩 … ふたつまみ
- オリーブオイル … 大さじ1
- スパゲッティ … 100g
- 牛乳 … 150g
- コンソメ顆粒 … 2g
- 生クリーム … 50g
- 卵黄 … 1個分(トッピングにも使用する場合は2個分)
- 粉チーズ … 大さじ2
- 粗びき黒こしょう … 適量

作り方

1 ベーコンを好みの大きさに切る。フライパンを火にかけ、ベーコンを焼く。軽く焼き色がついたら皿によけておく。

2 1のフライパンに水を入れ、沸騰させる。塩、オリーブオイルを加え、半分に折ったスパゲッティを加える。

3 湯の量が半分になるまで茹で、牛乳、コンソメ顆粒を加え、混ぜる。

4 汁が半分程に減ったら、生クリームを加える。生クリームが全体に行き渡り、汁気がなくなったら火を止め、卵黄1個分、粉チーズを加えて混ぜ合わせる。

Point: 最初は水っぽいけど、火を入れていくとどろっとしてきます!

5 皿に盛り、よけておいたベーコンと好みで卵黄をのせ、黒こしょうをふる。

Memo

卵と牛乳を味わうカルボナーラ。クリーム系パスタといったら、これを思い浮かべる人が多いのではないでしょうか。とにかく濃厚なものが食べたい! 欲している! という日におすすめです。濃厚なパスタで、心の栄養補給をしてみてください♪

アボカドクリームパスタ

材料(1人分)

- アボカド … 1個
- 麺つゆ(4倍濃縮) … 小さじ 2
- レモン汁 … 大さじ 1
- 水 … 200g
- 塩 … ふたつまみ
- オリーブオイル … 大さじ 1
- スパゲッティ … 100g
- 牛乳 … 150g
- 生クリーム … 50g
- 生ハム … 適量
- 粉チーズ … 大さじ 1
- 粗びき黒こしょう … 適量

作り方

1 ボウルに皮と種を取り除いたアボカド、麺つゆ、レモン汁を入れ、フォークで粗めに潰す。

2 フライパンに水を入れて火にかけ、沸騰させる。塩、オリーブオイルを加え、半分に折ったスパゲッティを加える。

3 湯の量が半分になるまで茹で、牛乳を加えて混ぜる。

4 汁が半分程に減ったら生クリームを加える。生クリームが全体に行き渡り、汁気がなくなったら火を止め、**1** を加えてよく混ぜ合わせる。

Point: 最初は水っぽいけど、火を入れていくとどろっとしてきます!

5 皿に盛り、生ハムをのせる。粉チーズ、黒こしょうをふる。

Memo

パスタとアボカドは相性◎　我が家ではアボカドにお刺身のように醤油とわさびをつけて食べることもあります。シンプルだけどやっぱりおいしい。あとはアボカド、トマト、塩昆布、刻んだ玉ねぎをあえても、たまらなくおいしい。アボカドの可能性は無限です。

キャラメルミルク | ラムココア

心がほっと休まる、
温かいドリンク。
甘くて幸せな
キャラメルミルクと、
ちょっぴり大人な
ラムココアをどうぞ。

材料(1人分)

- 市販のミルクキャラメル … 3 粒
- 牛乳 … 180ml
- マシュマロ … 適宜

作り方

1 耐熱のマグカップにキャラメルと、半量の牛乳を入れる。

2 600Wの電子レンジで50秒加熱する。

3 よく混ぜてキャラメルを溶かし、残りの牛乳を加えて、さらに1分加熱する。

4 好みでマシュマロをのせる。

材料(1人分)

- ココアパウダー … 小さじ 2
- 砂糖 … 小さじ 1
- 熱湯 … 小さじ 2
- はちみつ … 小さじ 1
- ラム酒 … 小さじ 1
- 牛乳 … 180ml

作り方

1 耐熱のマグカップにココアパウダー、砂糖を入れる。

2 熱湯を加えて混ぜ、ココアパウダーを溶かす。

3 はちみつ、ラム酒を加え、混ぜる。

4 牛乳を加え、600Wの電子レンジで1分50秒加熱し、よく混ぜる。

自分を甘やかすジャンクな日

ふと食べたくなる
揚げ物にラーメン。
頑張っている自分へのご褒美に、
たまにはいいよね。

韓国風チキン

材料(1人分)

A | ・鶏もも肉（もも肉のほか手羽元もおすすめ）…150g
   ・プレーンヨーグルト…大さじ1
   ・すりおろしにんにく（チューブ）…小さじ2
   ・醤油…大さじ1

B | ・片栗粉…40g
   ・薄力粉…20g

C | ・ケチャップ…大さじ2
   ・コチュジャン…大さじ2
   ・みりん…大さじ2
   ・はちみつ…大さじ1

・揚げ油…適量
・白ごま…適宜

作り方

1 鶏肉は好みの大きさに切る。

2 ポリ袋に**A**をすべて入れ、よく揉む。15分以上そのまま漬け込む。

> **Point:** ヨーグルトが肉をやわらかくしてくれます。

3 バットに**B**を入れて混ぜる。**2** から鶏肉を取り出し、**B**をまぶす。

4 170℃の油で、こんがりするまで揚げる。

5 フライパンに**C**をすべて入れ、中火で2分程炒めて火を止める。

6 揚げたチキンの半量を **5** のフライパンに入れ、ソースをからめる。

7 2種のチキンを皿に盛り、好みでソースをからめたチキンにごまをふる。

Memo

甘辛いソースとザクザクのチキン！ 韓国で定番のチキンを少しアレンジしました。甘辛いけど、クセのない優しい味です。チキンのお供に作ってほしいのが、大根の酢漬け。本場では「チキンム」と呼ばれているそうです。私はいつも大根をさいの目に切り、すし酢に漬けて作っています！

映 画 の お 供 に 揚 げ ド ー ナ ツ

材料(8個分)

- 白玉粉…70g
- 牛乳…105g
- 薄力粉…85g
- 砂糖…30g
- 塩…ひとつまみ
- ベーキングパウダー…5g
- 揚げ油…適量

[トッピング(好みで)]
シナモン

- シナモンパウダー…2g
- 砂糖…13g

きなこ

- きなこ…5g
- 砂糖…10g

シュガー

- 粉砂糖…15g

作り方

1 ボウルに白玉粉と牛乳を入れ、ゴムベラでよく混ぜる。

2 **1**に薄力粉、砂糖、塩、ベーキングパウダーを加えて混ぜ、生地がまとまってきたら手で1つにまとめる。

3 **2**を8等分し、それぞれ丸める。

4 160℃の油でこんがりするまで揚げる。

5 揚げたての熱いうちに、好みのトッピングをまぶす。

Memo

家で食べる揚げたてのドーナツは、お店のものとは比にならないぐらいおいしい。「あと1つだけ……」と思いつつ、ついつい口に入れてしまいます。私はこのドーナツを映画のお供に食べることにハマっています。揚げたてはアツアツ、もっちり! 映画よりもドーナツに夢中になるかも?!

袋麺アレンジ

油そば風

材料（1人分）

- 市販の袋麺（塩ラーメンや辛い麺が おすすめ）…1人分
- ゆで卵、長ねぎ、白ごま…適宜

A
- 醤油…大さじ1
- すりおろしにんにく（チューブ） …3cm
- 酢…大さじ1
- ごま油…小さじ2
- 袋麺付属の粉末スープ…½袋
- ウスターソース…小さじ2

作り方

1 麺を袋の表示通りに茹でる。

2 茹で汁大さじ2をボウルに入れ、麺の 湯を切る。

3 **2** のボウルに**A**を加え、混ぜる。

4 麺を **3** に加え、たれとからめる。

5 皿に盛り、好みでゆで卵や小口切りにし たねぎをのせ、ごまをふる。

Memo

袋麺を普通に食べることに飽きてしまった人におすすめ！　ごま油がふんわりと香ります。箸が止まらなくなり、お皿があっという間に空っぽになること間違いなしです！

袋麺アレンジ

ライスペーパーでラッポギ

材料(1人分)

- 市販の袋麺(塩ラーメン使用)
　　…1人分

A ｜ ・ ケチャップ … 小さじ 1
　　・ 豆板醤 … 小さじ 1/3
　　・ コチュジャン … 小さじ 1
　　・ 袋麺付属の粉末スープ … 1/2 袋

- ライスペーパー… 3枚
- とろけるスライスチーズ … 3枚
- 卵黄、小ねぎ、黒ごま … 適宜

作り方

1 麺を袋の表示通りに茹で、茹で上がる 2 分前に **A** を加える。袋の表示時間より 1 分短く茹で、火を止める。

2 バットに水を入れ、ライスペーパーを 1 秒程水にひたす。

3 写真のようにライスペーパーの中心にチーズを置き、左右を折りたたんで奥から手前に巻く。好みの大きさに切る。

4 **1** の鍋を火にかけ **3** を入れて 30 秒程茹で、器に盛る。好みで卵黄、小口切りにしたねぎをのせ、ごまをふる。

Memo

ライスペーパーで作るトッポギは、もちもちでクセになる食感です。今回はラーメンに入れてラッポギ(ラーメン+トッポギ)にしましたが、小さなソーセージとこのトッポギを串に刺せば、ソトクソトク風にアレンジできます! ぜひ韓国チキンやチーズボールと一緒に召し上がれ!

袋麺アレンジ

クリームパスタ風

材料(1人分)

- にんにく … 1かけ
- ベーコン … 30g
- バター(食塩不使用)… 5g
- 牛乳 … 300ml
- 市販の袋麺(塩ラーメン使用)
  … 1人分
- 卵 … 1個
- 袋麺付属の粉末スープ … $\frac{1}{2}$ 袋
- 卵黄、粉チーズ、パセリ … 適宜

作り方

1 にんにくはみじん切りにし、ベーコンは好きな大きさに切る。

2 フライパンにバターを入れて中火にかけ、にんにくを炒める。にんにくの香りが立ったらベーコンを加え、軽く火が通ったら牛乳を加える。

3 牛乳が沸騰しそうになったら麺を加える。

4 麺がほぐれたら卵を溶き入れ、粉末スープを加え、汁気がなくなるまで煮詰める。

5 火を止めて皿に盛り、好みで卵黄をのせ、粉チーズ、刻んだパセリをふる。

Memo

水を使わずに牛乳をたっぷりからませた麺と、粉末スープのしょっぱさがクセになります。辛い袋麺を使うのもおすすめです! 卵黄をのせて粉チーズをかけると、カルボナーラのような印象に。

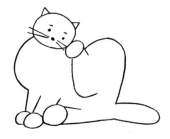

チーズボール

材料(10個分)

- モッツァレラチーズ… 50g
- 白玉粉… 70g
- 牛乳… 85g

A
- 薄力粉… 55g
- 砂糖… 20g
- 塩…ひとつまみ

- 揚げ油…適量

作り方

1 モッツァレラチーズは10等分に切る。

2 ボウルに白玉粉と牛乳を入れ、ゴムベラでよく混ぜる。

3 Aを加えて混ぜ、生地がまとまってきたら、手で1つにまとめる。

4 生地を10等分し、それぞれ丸める。丸めた生地を平たく潰し、モッツァレラチーズを包み、また丸める。同様にあと9個作る。

5 160℃の油で、表面がこんがりするまで揚げる。

Memo

カリッともちもち食感のチーズボール。ほんのり甘い生地は、チーズとの相性抜群です。気分は韓国屋台♪　ぜひハニーマスタードをつけて召し上がれ。

やみつきフライドポテト

材料(1人分)

・ じゃがいも…100g

A ｜ ・ 麺つゆ(4倍濃縮)…小さじ1
｜ ・ コンソメ顆粒…小さじ⅓
｜ ・ 粉チーズ…小さじ1

・ 片栗粉…大さじ2
・ 揚げ油…適量

作り方

1 じゃがいもは芽を取り、くし形切りにする。ボウルに水とじゃがいもを入れ、10分程水にさらす。

2 クッキングペーパーでじゃがいもの水気をふき取り、ポリ袋に入れる。**A**を加え、全体に馴染むように揉む。

3 片栗粉を加えてポリ袋をふり、じゃがいも全体にまぶす。

4 170℃の油で、表面がこんがりするまで揚げる。

Point: 時間が経つと、いも同士がくっつきやすくなるので、片栗粉をまぶしたらすぐに揚げるのがポイント!

Memo

和風の麺つゆと洋風のコンソメを組み合わせることで、手が止まらない味わいに。我が家では、父と弟のメンズ受けがとにかく良かったです! 夜ごはんの一品にもおすすめ。

「やみつきフライドポテト」を
好みのフレーバーにアレンジ。

青のり

カレー

ホットチリ

きなこ

材料(1人分)

青のり
・青のり … 小さじ 2

カレー
・カレー粉 … 小さじ ½
・粉チーズ … 小さじ 1

ホットチリ
・コンソメ顆粒 … 小さじ ½
・パプリカパウダー … 小さじ ⅓
・チリパウダー … 1ふり

きなこ
・きなこ … 大さじ 1
・砂糖 … 大さじ 1

作り方

1 ポリ袋に「やみつきフライドポテト」を入れる。

2 好みのフレーバーを加える。

3 袋の口を閉じ、よくふり混ぜる。

1人分から作れるお手軽ランチ

ささっと作れるお昼ごはん。
お腹を満たして、
午後も頑張ろう。

照り焼きチキンランチ

材料(1人分)

- 鶏もも肉 … 170g
- 塩こしょう … 適量
- 片栗粉 … 大さじ2

A ┃ ・醤油、みりん、酒 … 各大さじ1
　 ┃ ・砂糖 … 10g

- 温かいごはん … 1杯分
- 卵黄 … 適宜
- 白ごま … 適量
- 小ねぎ … 少々
- サラダ油 … 適量

作り方

1 鶏肉は好みの大きさに切り、塩こしょうで下味を付け、片栗粉をまぶしておく。

2 フライパンに油をひき、中火にかける。温まったら鶏肉を入れ、こんがりするまで焼く。

3 **A**を混ぜておき、**2**に加える。汁気がなくなるまで煮詰めたら火を止める。

4 器にごはんを盛り、**3**、好みで卵黄をのせ、ごま、小口切りにしたねぎをちらす。

Memo

簡単でおいしい照り焼きチキン。好きな野菜を切って、一緒に照り焼きにするのもおすすめです。相性が良いおすすめの野菜は、れんこん！

ピリ辛鶏そぼろごはん

材料(1人分)

・鶏ひき肉 … 150g

A ┃ ・砂糖 … 大さじ ½
　 ┃ ・味噌 … 小さじ 2
　 ┃ ・醤油、酒 … 各小さじ 1
　 ┃ ・豆板醤 … 小さじ 1（好みで辛さ
　 ┃ 　を調節してください）

・温かいごはん … 1 杯分
・卵黄、小ねぎ、きざみのり … 適宜
・サラダ油 … 適量

作り方

1 フライパンに油をひいて中火にかけ、ひき肉を入れて火が通るまで炒める。

2 **A** を加え、全体に馴染むまで混ぜる。

3 器にごはんを盛り、**2** をのせる。好みで卵黄、小口切りにしたねぎ、のりをのせる。

Memo

辛いものが無性に食べたい、そんな日はありませんか？　そんなときにおすすめのレシピ。お好みで辛さを調節してお召し上がりください。手順が少ないので、すぐに食べられるのも嬉しい。

ヘルシータコライス

材料 (1人分)

・ 鶏ひき肉 … 100g

A ┃ ・ ケチャップ、ウスターソース
　　　… 各大さじ1
　　・ すりおろしにんにく (チューブ)
　　　… 1cm
　　・ カレー粉 … 小さじ1

・ ミニトマト … 3個
・ 温かいごはん … 1杯分
・ ベビーリーフ … 20g
・ ピザ用チーズ … 適宜
・ サラダ油 … 適量

作り方

1 フライパンに油をひいて火にかけ、ひき
　　肉を入れて火が通るまで炒める。

2 **A**を加え、全体に馴染むまで混ぜる。

3 ミニトマトは半分に切る。

4 器にごはんを盛り、ベビーリーフをの
　　せる。**2**をのせ、周りにミニトマトを飾
　　る。ひき肉が熱いうちに、好みでピザ用
　　チーズをのせる。

Memo

ダイエット中はごはんをお好みで玄米や
五穀米、オートミールに変えてお召し上
がりください。ベビーリーフがない場合
はレタスでも○K！このままレシピ通
りに作ってもよし、自分好みにアレンジ
してもよし。あなたによる、あなたのた
めの料理をお楽しみください。

ピーマンと鶏肉の揚げ焼き丼

材料 (1人分)

- 鶏むね肉 … 150g
- ピーマン … 2個
- 塩こしょう … 適量
- 片栗粉 … 大さじ 2
- ごま油 … 大さじ 4

A
- 醤油、水、酢 … 各大さじ 2
- 砂糖 … 大さじ 1
- すりおろし生姜 (チューブ) … 3cm

- 温かいごはん … 1 杯分
- 黒ごま、唐辛子 … 各適量

作り方

1 鶏肉は好みの大きさに切り、塩こしょうで下味を付け、片栗粉大さじ1をまぶしておく。ピーマンは2等分にして種とヘタを取り、残りの片栗粉をまぶしておく。

2 フライパンにごま油をひいて中火にかける。温まったら鶏肉、ピーマンを入れ、こんがりするまで揚げ焼きにする。

3 保存容器に**A**を入れ、混ぜる。**2**の鶏肉、ピーマンを加え、15分以上漬ける。

4 器にごはんを盛り、**3**をのせる。 ごまと刻んだ唐辛子をふる。

Memo

安くておいしい鶏肉は、私の味方です。今回のレシピ本で使用する肉にも、ほとんど鶏肉を使用しました。我が家では鶏むね肉の大容量パックを買って、塊ごとラップに包んで、冷凍保存しています!

エビとズッキーニのチリコンカン

チリコンカンは、ひき肉や豆、野菜を
スパイスで煮込んだメキシコ由来の料理。
ごはんと一緒に食べてもおいしいし、
バンズやトルティーヤではさんでも◎
倍量で作って、
半分を翌日の朝ごはんにするのもおすすめです!

材料(1人分)

- エビ … 4尾
- ズッキーニ … 50g
- 塩こしょう … 適量
- 合いびき肉 … 100g
- ミックスビーンズ … 100g

A | ・ ケチャップ … 大さじ3
  | ・ ウスターソース … 大さじ1
  | ・ クミンパウダー … 5ふり
  | ・ チリパウダー … 5ふり
  | ・ シナモンパウダー … 3ふり

- 温かいごはん … 1杯分
- サラダ油 … 適量

作り方

1 エビは殻をむき、背に切り込みを入れて背わたを取り、塩こしょうをふる。ズッキーニは好きな大きさに切り、塩こしょうをふる。

2 フライパンに油をひいて中火にかけ、エビとズッキーニを焼く。火が通ったら器によけておく。

3 **2**のフライパンに、合いびき肉、ミックスビーンズを入れ、火が通るまで炒める。

4 **A**を加え、全体に馴染むまで混ぜる。

5 器にごはんを盛り、**4**をのせる。エビとズッキーニを飾る。

Memo

まるでおしゃれなカフェランチ。具だくさんで彩りも良いので、見た目も華やかです。つい、友達や家族に振る舞いたくなります。

おうちカフェの作り方

自宅でおうちカフェ気分を味わうために
コツコツ集めた、お気に入りの食器。
ここでは特に気に入っている愛用アイテムを紹介します。

アンティークの花リム皿

札幌にあるアンティークショップで買ったお気に入りのお皿です。縁のデザインが華やかで、料理も可愛らしい印象になります。

著者私物

yumiko iihoshi porcelain

▶手前　unjour après midi plate
▶奥　unjour après midi plate 220

困ったときに頼りになる、私の万能皿。小さい方は主にケーキをのせ、大きい方は朝ごはんなどに使います。ケーキを2個のせたいときは大きい方を使うことも。マットな質感が上品な印象です。

yumiko iihoshi porcelain
／03-6433-5466

アンティークのスープ皿

いつもパスタを入れるときに使っているお皿。もちろんスープや丼ものにもおすすめです。一気にカフェのような雰囲気になります。

著者私物

Cutipol

▶ **GOA**
ブラックシルバー
デザートナイフ

▶ **GOA**
ブラックシルバー
デザートフォーク

クチポールと聞けば、このカトラリーを思い浮かべる人が多いのではないでしょうか。シンプルでスタイリッシュなデザインが、どのお皿や料理にもよく馴染みます。

Cutipol

▶ **MOON**
アンバーゴールド
デザートフォーク

▶ **MOON**
アンバーゴールド
デザートスプーン

一般的なケーキフォークよりも少し大きい、上品なつやと質感のカトラリーです。色味も形もなかなかないデザインです。

日曜社／03-6777-1166

ブルーボトルコーヒー

▶ **ダブルウォール**
サーモグラス 2 個セット

いつもお世話になっている先輩からいただいたグラス。ブルーボトルコーヒーが好きな私にプレゼントしてくれました。ホットにもアイスにも使えるので、毎日使っています。

ブルーボトルコーヒー 公式オンラインストア
https://store.bluebottlecoffee.jp/

NATURAL KITCHEN

▶ **木製トレー**

持っておくと便利な木製トレー。料理を並べると、定食のような優しい雰囲気になります。料理を運ぶときにも使いやすい。

NATURAL KITCHEN公式オンラインショップ
https://shop-natural-kitchen.jp/

100円ショップの アイテムでラッピング

作ったお菓子を人に配ったり、サンドウィッチを入れてピクニックに持っていったり。
今は100円ショップにもラッピングアイテムがそろっています。
ここで使用しているアイテムも、すべて100円ショップで購入したものです。

カフェ風ラッピング

▶クッキーやパウンドケーキにおすすめ

用意するもの

・クリアポケット（テープ付き）
・ラベルシール（白）

1 シールに渡したい人の名前や、好きな文字を書く。

2 クッキーやカットしたパウンドケーキをクリアポケットに入れ、封をする。

3 シールを貼る。

▶スコーンやマフィンにおすすめ

用意するもの

・クリアポケット（テープなし）
・ラベルシール（白）
・麻紐

1 シールに渡したい人の名前や、好きな文字を書く。

2 スコーンやマフィンをクリアポケットに入れ、麻紐で上部を縛ってリボン結びにする。

3 シールを貼る。

ピクニックにおすすめのラッピング

用意するもの

・クッキングシート
・使い捨てランチボックス

1 ランチボックスにクッキングシート
を敷く。

2 サンドウィッチや好きなものを入れ
る。

Memo

シールにはお菓子の名前や贈る相
手の名前、メッセージなどを書い
て。100円ショップでそろうアイ
テムを使って、簡単に可愛いラッ
ピングができます。

たまには
お気に入りのカフェへ

自分で料理するのも好きだけど、カフェを巡っておいしいものを食べるのも大好き。
ここでは、私の地元札幌と、東京にあるお気に入りのカフェを紹介します。

TOKYO

Bridge COFFEE & ICECREAM

黒のタイルのレトロなビルにあるカフェ。
東京を訪れたときに、ふらっと立ち寄って
います。平日午前中のゆったりとした時間
の流れが好き。

- 住所：東京都中央区日本橋馬喰町1-13-9イーグ
  ルビル1階
- 営業時間：平日 8:00-19:00
  土日祝 9:00-19:00
- 定休日：なし
- TEL：03-3527-3399
- Instagram：@cafe.bridge

Sta.渋谷

街の中にある秘密基地のような空間で、そ
こに居るだけでわくわくします。野菜を中
心に、体に優しい食材を使っているのがお
気に入り。

- 住所：東京都渋谷区円山町11-7
- 営業時間：Lunch 11:00-14:00(L.O.13:30)
  Dinner 17:00-23:00(L.O.22:30)
- 定休日：毎月最終水曜
- TEL：03-6455-2056
- https://online-sta.com/

SAPPORO

TRAIL HUT

おしゃれなインテリアと、席によって異なる雰囲気が楽しめるカフェ。とても落ち着ける空間です。アイスコーヒーフロートとクラブサンドがおすすめ。

- 住所：北海道札幌市中央区南18条西11丁目2-2 ※移転予定あり
- 営業時間：平日12:00-19:00 土日祝10:00-18:00
- 定休日：火曜、不定休
- TEL：011-521-0177
- Instagram：@trail.hut888

POP / iN

友達とのんびり話すのにも、作業をするのにも◎　ここのあんバターベーグルにハマったことがあり、何度も食べていました。季節限定のドリンクも見逃せない！

- 住所：北海道札幌市中央区大通西18丁目1
- 営業時間：8:00-20:00 (L.O.19:30)
- 定休日：年末年始
- Instagram：@cafe_popin

allee cafe

季節ごとに変わるスイーツが魅力的！　店内の雰囲気や使用しているお皿まで洗練されたカフェです。

- 住所：北海道札幌市中央区北4条西14丁目1-6
- 営業時間：10:30-19:00 (L.O.18:30)
- 定休日：Instagramをご確認ください
- TEL：070-2287-4224
- Instagram：@allee__cafe

おわりに

今日も1日お疲れ様でした。
もしくはこれから1日が始まるという方もいらっしゃるかもしれません。
毎日良いことや悪いこと、きっといろいろあると思いますが、
くれぐれもご自愛ください。

このあとがきを書いている途中、
小さい頃の夢が小説家だったことを思い出しました。
祖父母に「私、小説家になりたい!」と話していた記憶があります。
残念ながら、文章を書くのはお世辞にも上手とはいえず、
小説家への道とは程遠い人生を歩んできました。
しかし、それからしばらく経った現在、
「レシピ本」という形で出版に至りました。
私自身もびっくり。形は少し違いますが夢が叶った瞬間です。
きっと口に出せば、願いは叶いやすくなるのだと思います。

高校生の頃、いろいろなご縁があり、やりたいことに出会うことができました。
「食を通じたコミュニケーションの場を街に作りたい!」という思いを人に話し、
当時できる精一杯のことに無我夢中で取り組んでいるうちに、
地域での「食」に関するお仕事が次々と増えてきました。
「そんな夢、無理だろう」と否定する人も、もちろんいます。
しかし、自分のやりたいことに突き進むことで、
描いていた通りの夢ではなくても、案外違う形で叶うような気がします。

最後になりましたが、
執筆にあたり協力してくださった方々、応援してくださった方々、
そしてこの本を手に取ってくださった皆様、
本当にありがとうございました。

主な食材別 INDEX

イラスト	killdisco
アートディレクション	細山田光宣
デザイン	鎌内 文（細山田デザイン事務所）
撮影	内山めぐみ
スタイリング	井上裕美子（エーツー）
調理補助	石川みのり　日根綾海（エーツー）
校正	麦秋新社
編集	安田 遥（ワニブックス）

おいしい部屋

家時間がぐっと豊かになる至福のレシピ61

著者　えなが

2023年3月1日　初版発行

発行者	横内正昭
編集人	青柳有紀
発行所	株式会社ワニブックス 〒150-8482 東京都渋谷区恵比寿4-4-9　えびす大黒ビル 電話　03-5449-2711（代表） 　　　03-5449-2716（編集部） ワニブックスHP http://www.wani.co.jp/ WANI BOOKOUT http://www.wanibookout.com/
印刷所	凸版印刷株式会社
DTP	株式会社オノ・エーワン
製本所	ナショナル製本